중학생을 위한

사회정서학습 프로그램 학생용 워크북

신현숙 · 류정희 · 박주희 · 이은정 · 김선미 · 배민영 · 윤숙영 · 강금주 공저

학지사

여러분을 사회정서학습에 초대합니다

이 책은 중학생을 위한 사회정서학습 프로그램입니다. 여러분이 학업능력을 갖추기 위해 학교에서 국어, 영어, 수학과 같은 교과수업을 받는 것처럼 사회정서능력을 갖추는 데 필요한 수업을 받는 것이 사회정서학습입니다. 이 프로그램에서는 〈나와 너 이해하기〉, 〈나를 다스리기〉, 〈좋은 관계 맺기〉에 필요한 내용을 배우고 연습할 것입니다.

사회정서학습에 참여하는 여러분은 다음의 다섯 가지 목표를 달성할 수 있을 것입니다. 첫째, 자신과 주변사람들의 감정, 생각, 행동에 대해 더 잘 이해할 수 있습니다. 둘째, 화나고 짜증나는 감정과 왜곡된 생각을 잘 다스려서 평온한 마음을 되찾을 수 있습니다. 셋째, 공부와 일상생활에서 스트레스를 받는 이유를 알고, 스트레스에 잘 대처할 수 있습니다. 넷째, 친구들과 사이좋게 지낼 수 있습니다. 다섯째, 자신과 주변사람들의 건강을 해치지 않는 현명한 판단을 내릴 수 있습니다.

이 프로그램을 실시하시는 선생님의 안내를 받으면서 다양한 내용을 배우고 발표도 하고 동영상도 시청하고 친구들과 모둠활동도 하며 간단한 숙제도 하다 보면, 여러분은 어느새 자신을 존중하고 주변사람을 배려하는 멋진 사람이 되어 있을 것입니다. 사회정서학습 시간에 열심히 참여하고, 이 시간에 배운 내용을 여러분의 실생활과 연결 지어 생각하고 연습해 보길 바랍니다. 그래서 여러분이 학업에 몰두하고 즐겁고 행복한 학교생활을 할 수 있게 되기를 희망합니다.

사회정서학습 프로그램 개발진 선생님들로부터

차 례

파트 1 시작과 마무리

학습지 1-1
우리가 배우고 싶은 것을 알아봐요

학년   반   이름

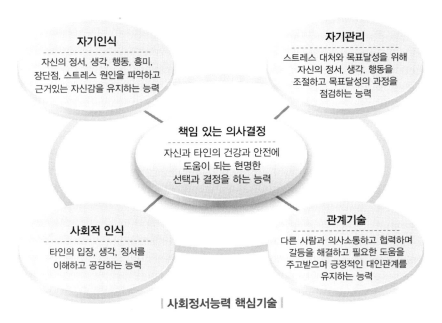

자기인식
자신의 정서, 생각, 행동, 흥미, 장단점, 스트레스 원인을 파악하고 근거있는 자신감을 유지하는 능력

자기관리
스트레스 대처와 목표달성을 위해 자신의 정서, 생각, 행동을 조절하고 목표달성의 과정을 점검하는 능력

책임 있는 의사결정
자신과 타인의 건강과 안전에 도움이 되는 현명한 선택과 결정을 하는 능력

사회적 인식
타인의 입장, 생각, 정서를 이해하고 공감하는 능력

관계기술
다른 사람과 의사소통하고 협력하며 갈등을 해결하고 필요한 도움을 주고받으며 긍정적인 대인관계를 유지하는 능력

| 사회정서능력 핵심기술 |

📖 핵심기술을 위해 배워야 할 것과 배우고 싶은 것을 자유롭게 적어 주세요.

규칙을 정해 봐요

학년   반   이름

다섯 가지 기술을 잘하기 위해 무엇을 배워야 할까요?

학년   반   이름

자기인식	
자기관리	
사회적 인식	
관계기술	
책임 있는 의사결정	

우리가 배운 것들

학년   반   이름

▪ 내   짝: [   ]
▪ 모둠원: [   ]

질문: 차시별로 배운 내용과 관련해 생각나는 단어는?			
차시 제목	내가 생각한 것	짝이 생각한 것	우리의 나눔 내용

다짐과 계획

학년   반   이름

📑 나의 다짐: (다짐을 쓰세요.)

📑 나의 계획: (각 영역과 관련된 계획을 세우고, 계획을 실천한 요일에 ○표 하세요.)

학업

월   화   수

목   금   토

취미

월   화   수

목   금   토

사회정서능력

월   화   수

목   금   토

우리가 배웠던 것들

학년   반   이름

자기인식

자신의 정서, 생각, 행동, 흥미,
장단점, 스트레스 원인을 파악하고
근거있는 자신감을 유지하는 능력

자기관리

스트레스 대처와 목표달성을 위해
자신의 정서, 생각, 행동을
조절하고 목표달성의 과정을
점검하는 능력

책임 있는 의사결정

자신과 타인의 건강과 안전에
도움이 되는 현명한
선택과 결정을 하는 능력

사회적 인식

타인의 입장, 생각, 정서를
이해하고 공감하는 능력

관계기술

다른 사람과 의사소통하고 협력하며
갈등을 해결하고 필요한 도움을
주고받으며 긍정적인 대인관계를
유지하는 능력

목표와 계획을 세워요

학년   반   이름

영역	목표	계획
공부		
취미활동		
사회정서능력 • 자기인식 • 자기관리 • 사회적 인식 • 관계기술 • 책임 있는 의사결정		

수업자료 4-1	우린 이런 내용을 배웠어요

〈파트 1〉

사회정서학습	사회적 인식	목표
자기관리	관계기술	계획 세우는 방법
자기인식	책임 있는 의사결정	구체적 계획

〈파트 2〉

정서	개인화	사랑과 소속의 욕구
정서강도	흑백사고	생존의 욕구
편안한 정서	재앙화	힘 성취의 욕구
불편한 정서	과잉일반화	자유의 욕구
얼굴표정	점술	즐거움의 욕구
정서신호등	선택적 주의	행복
생각 오류	긍정적 생각	욕구

〈파트 3〉

스트레스	스트레스 대처	혼잣말하기
이로운 스트레스	분노	복식호흡
해로운 스트레스	분노조절	이완훈련
스트레스 레시피	숫자 거꾸로 세기	분노 소화기

〈파트 4〉

경청	갈등	요청하기
공감	갈등해결 3단계	거절하기
마음통장	나를 읽어 주는 말하기	

변화된 나와 친구의 모습 찾기

학년   반   이름

■ 나   : [   ]
■ 모둠원: [   ]

나는 이런 점이 달라졌어요.

(이름: _____)은 이렇게 달라졌어요.	

※ 위의 (이름: _____)에는 자신의 이름을 쓰세요.

" 우리는 배운 것을 잊지 않겠습니다.
나를 이해하고 관리하겠습니다.
주변 사람들을 이해하고 원만한 인간관계를 유지하겠습니다.
나와 주변 사람들에게 해가 되지 않도록 현명한 선택과 결정을 하겠습니다. "

파트 2 나와 너 이해하기

정서에 대해 알아봐요

학년   반   이름

■ 정서는?

우리가 처한 상황이나 상대방에 대해 어떤 감정을 느끼게 하고 어떤 행동을 하게 만드는 마음상태를 정서라고 합니다. 우리는 일상생활에서 감정, 느낌, 기분이라는 말도 많이 사용합니다. 감정은 상황에 대해 느끼는 일시적 기분을 말합니다.

■ 정서를 알고, 적절한 이름을 붙이는 과정은 중요합니다. 오늘 수업시간에 내가 느꼈던 정서나 친구가 표현했던 정서에 이름을 붙여 보세요.

■ 얼굴표정을 통해서도 어떤 정서를 느끼고 있는지 알 수 있습니다. 다음의 얼굴표정을 잘 살펴보고, 정서단어와 연결해 보세요.

기쁘다   •   •

설레다   •   •

편안하다 •   •

화나다   •   •

슬프다   •   •

짜증나다 •   •

내가 아는 정서단어

학년   반   이름

🎁 내   짝: [   ]

🎁 모둠원: [   ]

질문: 내가 아는 정서단어는?		
내가 생각한 것	짝이 생각한 것	우리의 나눔 내용

학습지 1-3	정서단어 Think! Think! Think!
	학년　　　반　　　이름

📧 여러분이 다음과 같은 상황에 놓이게 된다면 어떤 정서를 느낄까요? 여러분 마음속에 떠오르는 정서단어를 적어 보세요.

- 사랑을 고백할 때
  (　　　　　　　)
- 엄마가 안아줄 때
  (　　　　　　　)
- 성적표 받았을 때
  (　　　　　　　)
- 학교가 일찍 끝났을 때
  (　　　　　　　)
- 프로야구 경기 볼 때
  (　　　　　　　)
- 길 가다 돈 주웠을 때
  (　　　　　　　)
- 아기가 나를 보고 웃을 때
  (　　　　　　　)
- 공부한 과목의 성적이 안 좋았을 때
  (　　　　　　　)
- 형제/자매에게 무시당했을 때
  (　　　　　　　)
- 찍었는데 시험성적이 좋을 때
  (　　　　　　　)
- 친구가 더 열심히 공부할 때
  (　　　　　　　)
- 일요일 밤이 되었을 때
  (　　　　　　　)
- 일본에 대지진이 났을 때
  (　　　　　　　)
- 내 마음을 몰라 줄 때
  (　　　　　　　)
- 이성친구 사귈 때
  (　　　　　　　)
- 친구가 놀릴 때
  (　　　　　　　)
- 친구가 내 물건을 가져가서 아무렇지도 않게 쓰고 있을 때 (　　　　　　　)

- 매우 잘생긴 이성친구를 만났을 때
  (　　　　　　　)
- 친구가 시험을 잘 봤을 때
  (　　　　　　　)
- 게임 레벨 업이 되었을 때
  (　　　　　　　)
- 노력으로 내 실력이 쌓일 때
  (　　　　　　　)
- 뜻밖의 좋은 말을 들었을 때
  (　　　　　　　)
- 밥상에 고기가 없을 때
  (　　　　　　　)
- 오디션 프로그램을 볼 때
  (　　　　　　　)
- 희귀 아이템을 손에 넣었을 때
  (　　　　　　　)
- 한국은행에 쌓인 돈뭉치를 볼 때
  (　　　　　　　)
- 급식실에서 디저트를 2개 먹었을 때
  (　　　　　　　)
- 생일 날 12시에 축하 문자를 받을 때
  (　　　　　　　)
- 주말 오전에 친구들과 만나 놀 때
  (　　　　　　　)
- 부모님께서 지쳐보일 때
  (　　　　　　　)
- 수업시간에 자다가 깼는데 수업이 끝나 있을 때
  (　　　　　　　)
- 다른 사람들은 잘 하는데 나만 못하는 것 같을 때
  (　　　　　　　)
- 자기는 잘하지도 못하면서 잘난 척하는 사람을 볼 때
  (　　　　　　　)

이럴 때 나는 이런 기분이야!

학년   반   이름

▨▨ 어떤 상황에서 다음과 같은 기분을 느끼는지, 자신의 경험을 떠올리며 써 보세요.

● 보 기 ●
나는 (시험 볼) 때, 긴장된다.

나는 _____ 할 때, 행복하다.

나는 _____ 할 때, 정말 화가 난다.

나는 _____ 할 때, 신난다.

나는 _____ 할 때, 외롭다.

나는 _____ 할 때, 감사하다.

나는 _____ 할 때, 창피하다.

나는 _____ 할 때, 무섭다.

나는 _____ 할 때, 좌절을 느낀다.

나는 _____ 할 때, 슬프다.

나는 _____ 할 때, 정말 기쁘다.

나는 _____ 할 때, 지루하다.

나는 _____ 할 때, 속상하다.

나는 _____ 할 때, 난처하다.

나는 _____ 할 때, 평화롭다.

정서단어 목록

다음 정서단어 중에서 필요한 단어를 골라 수업자료로 활용하시기 바랍니다.
또한 몇 개 정서단어를 학급 게시물의 예시로 제시할 수 있습니다.

감동스럽다	자신만만하다	안쓰럽다	지루하다
고맙다	당당하다	걱정스럽다	마음 아프다
감사하다	여유롭다	겁나다	섭섭하다
만족스럽다	포근하다	의기소침하다	속상하다
기분 좋다	행복하다	답답하다	당혹스럽다
기쁘다	흐뭇하다	불쌍하다	고통스럽다
기운차다	편안하다	초조하다	혐오스럽다
힘이 넘치다	평화롭다	혼란스럽다	수치스럽다
재미있다	시원하다	불안하다	실망스럽다
뿌듯하다	쑥스럽다	우울하다	후회하다
반갑다	고요하다	슬프다	싫증나다
정답다	희망차다	외롭다	억울하다
다정하다	난처하다	그립다	냉담하다
친밀하다	궁금하다	허전하다	재미없다
좋아하다	어리둥절하다	허무하다	조급하다
사랑하다	무심하다	서운하다	불만스럽다
흥미롭다	죄송스럽다	부끄럽다	배신감을 느끼다
신기하다	심심하다	미안하다	부담스럽다
즐겁다	지겹다	의심스럽다	무섭다
흥겹다	예민하다	귀찮다	샘나다
짜릿하다	조심스럽다	밉다	심술이 난다
신나다	망설이다	짜증나다	절망하다
열정적이다	아쉽다	한심하다	경멸스럽다
자랑스럽다	놀라다	두렵다	화나다

이런 상황에서 내 기분은?

학년　　　　반　　　　이름

⬛ 다음을 읽고 감정이 일어나는 상황에 밑줄을 그으세요.

봉사 동아리 회장인 유진이는 오늘 오후 학교에서 기부 캠페인을 할 것입니다. 그런데 이렇게 중요한 날 아침부터 늦게 일어났습니다. 어제 캠페인 활동 홍보지와 전시물을 보완할 자료를 만드느라 늦게 자서 그런 것 같습니다. 아침부터 부랴부랴 물건을 챙기고 준비하는 유진이에게 엄마는 아침부터 방이 더럽다고, 늦게 일어났다고, 쓸데없는 동아리 활동 한답시고 공부는 안 한다고 잔소리를 하십니다. 헐레벌떡 자료를 들고 학교로 뛰어갔습니다.

학교 정문에서 동아리 회원인 영서가 짐을 같이 들어주면서, 교실 입구에 붙일 안내판은 잘 만들었냐고 물어봅니다. 불현듯이 검정 비닐봉투에 안내판을 따로 싸놓고 책상 위에 두고 온 것이 떠오릅니다. 이대로 집으로 갔다 오면 지각이고, 차라리 담임 선생님께 말씀드리고 외출을 하는 것이 나을 것 같아서 교실로 뛰어갑니다. 담임 선생님은 그래도 중요한 학교 행사인데 준비를 미리미리 안 했다고 꾸중하시며, 미술 선생님께 가서 재료를 구해서 쉬는 시간에 만들라고 하십니다. 유진이는 미술 선생님께 재료를 구해서 화장실도 안 가고 쉬는 시간에 열심히 안내판을 만들었습니다.

유진이는 점심을 먹고 조원들과 함께 교실로 가서 기부 캠페인을 위한 전시자료를 배치했습니다. 그런데 평소에도 뺀질대며 일도 잘 안 하는 조원 희준이가 전시자료를 집에서 안 가져왔다고 합니다. 그때 영서가 전시장 마지막 부분에 전지를 붙여 방명록 쓰는 공간을 만들자고 제안합니다. 다른 조원들이 다른 전시자료를 조금씩 당겨서 마지막 공간을 남기고, 방명록 공간으로 만듭니다. 평소에 손재주가 많은 승주가 그 공간을 리본으로 예쁘게 꾸미자 조원들이 구경을 하며 잘했다고 박수를 쳐 줍니다.

행사가 시작되자 교장 선생님과 많은 선생님들이 전시장에 오셔서 잘했다고 칭찬해 주십니다. 순간 마음이 울컥했는데, 담임 선생님이 눈을 찡긋하시며 미소를 지으십니다. 여러 선생님들이 방명록에 소감을 적으시고, 친구들도 사진을 찍는 모습을 보니 마음이 뿌듯합니다. 유진이에게 오늘 하루는 정말 정신없는 하루였습니다.

⬛ 밑줄 그은 부분에 번호를 매기고, 정서에 이름을 붙이세요. 다음, 그것이 편안한 정서인지 불편한 정서인지 구별하고, 빈 칸에 √ 표 하세요.

	정서에 이름 붙이기	정서 구별하기	
		편안한 정서	불편한 정서
1			
2			
3			
4			
5			

다른 상황, 같은 정서단어

학년   반   이름

▐▌▐ 내가 느낀 정서는 [   ]

```
• 보 기 •
떨리다, 설레다, 두근거리다, 긴장되다, 놀라다 등
```

긍정적인 상황	부정적인 상황
나의 이야기	나의 이야기

▐▌▐ 내 친구가 느낀 정서는 [   ]

긍정적인 상황	부정적인 상황
나의 이야기	나의 이야기

▐▌▐ 나눔 후 느낀 점

〈학습지 2-1〉에 대한 답안지

📖 학생들이 〈학습지 2-1〉을 작성할 때 참고하세요. 밑줄 친 부분은 학생들이 정서를 경험할 만한 상황이고, 각 상황에서 경험할 수 있는 정서를 아래에 예시하였습니다.

유의점: 학생의 대답이 아래 예시에 포함되어 있지 않더라도 경청해 주시고, 교사와 여러 학생들이 수긍할 만한 대답이라면 공감해 주세요.

봉사 동아리 회장인 유진이는 오늘 ①오후 학교에서 기부 캠페인을 벌일 것입니다. 그런데 이렇게 중요한 날 ②아침부터 늦게 일어났습니다. 어제 캠페인 활동 홍보지와 전시물을 보완할 자료를 만드느라 늦게 자서 그런 것 같습니다. ③아침부터 부랴부랴 물건을 챙기고 준비하는 유진이에게 엄마는 아침부터 방이 더럽다고, 늦게 일어났다고, 쓸데없는 동아리 활동 한답시고 공부는 안 한다고 잔소리를 하십니다. ④헐레벌떡 자료를 들고 학교로 뛰어갔습니다.

학교 정문에서 동아리 회원인 ⑤영서가 짐을 같이 들어주면서, 교실 입구에 붙일 안내판은 잘 만들었냐고 물어봅니다. ⑥불현듯이 검정 비닐봉투에 안내판을 따로 싸놓고 책상 위에 두고 온 것이 떠오릅니다. 이대로 집으로 갔다 오면 지각이고, 차라리 담임 선생님께 말씀드리고 외출을 하는 것이 나을 것 같아서 교실로 뛰어갑니다. ⑦담임 선생님은 그래도 중요한 학교 행사인데 준비를 미리미리 안 했다고 꾸중하시며, 미술 선생님께 가서 재료를 구해서 쉬는 시간에 만들라고 하십니다. 유진이는 미술 선생님께 재료를 구해서 ⑧화장실도 안 가고 쉬는 시간에 열심히 안내판을 만들었습니다.

유진이는 점심을 먹고 조원들과 함께 교실로 가서 기부 캠페인을 위한 전시자료를 배치했습니다. 그런데 평소에도 뺀질대며 일도 잘 안 하는 조원 ⑨희준이가 전시자료를 집에서 안 가져왔다고 합니다. 그때 ⑩영서가 전시장 마지막 부분에 전지를 붙여 방명록 쓰는 공간을 만들자고 제안합니다. 다른 조원들이 다른 전시자료를 조금씩 당겨서 마지막 공간을 남기고, 방명록 공간으로 만듭니다. 평소에 손재주가 많은 ⑪승주가 그 공간을 리본으로 예쁘게 꾸미자 조원들이 구경을 하며 잘했다고 박수를 쳐 줍니다.

행사가 시작되자 ⑫교장 선생님과 많은 선생님들이 전시장에 오셔서 잘했다고 칭찬해 주십니다. 순간 마음이 울컥했는데, ⑬담임 선생님이 눈을 찡긋하시며 미소를 지으십니다. ⑭여러 선생님들이 방명록에 소감을 적으시고, 친구들도 사진을 찍는 모습을 보니 마음이 뿌듯합니다. ⑮유진이에게 오늘 하루는 정말 정신없는 하루였습니다.

---

① [편안한 정서] 신나다, 설레다.   [불편한 정서] 걱정스럽다.
② [불편한 정서] 초조하다, 놀라다.
③ [불편한 정서] 조급하다, 섭섭하다, 화나다.
④ [불편한 정서] 두렵다.
⑤ [편안한 정서] 고맙다, 다정하다, 감동스럽다.
⑥ [불편한 정서] 놀라다, 불안하다, 짜증나다.
⑦ [불편한 정서] 답답하다, 서운하다, 귀찮다, 짜증나다.
⑧ [편안한 정서] 뿌듯하다.   [불편한 정서] 짜증나다, 초조하다.
⑨ [불편한 정서] 당황스럽다, 화나다, 배신감을 느낀다.
⑩ [편안한 정서] 고맙다, 다행이다.
⑪ [편안한 정서] 고맙다, 감사하다, 감동스럽다, 뿌듯하다.
⑫ [편안한 정서] 만족스럽다, 자랑스럽다, 뿌듯하다, 기분 좋다.
⑬ [편안한 정서] 친밀하다, 다정하다.
⑭ [편안한 정서] 만족스럽다, 자랑스럽다, 뿌듯하다, 기분 좋다.
⑮ [편안한 정서] 만족스럽다, 기쁘다, 뿌듯하다, 자랑스럽다.   [불편한 정서] 실망스럽다, 불만스럽다.

과제 2-1	나의 정서일기
	학년　　　반　　　이름

■■ 오늘 있었던 일들을 떠올리며 내가 경험한 정서상태에 대해 적어 봅니다.

■■ 일기의 내용을 다시 읽어 보면서, 정서단어에 밑줄을 긋고 편안한 정서와 불편한 정서로 나누어 봅시다.

편안한 정서	불편한 정서

정서빙고게임

* 오늘 학습내용을 바탕으로 학습활동을 더 하고 싶을 때 사용하세요.

정서빙고게임 방법

- 교사는 학생들에게 정서단어 목록(앞 차시 수업자료)을 모둠별로 나눠 줍니다.
- 학생들은 정서단어 목록에서 단어를 골라 빙고판에 적습니다.
- 빙고게임을 하듯이 돌아가면서 정서단어를 하나씩 말합니다.
- 다섯 줄을 가장 먼저 지운 사람은 큰 소리로 '빙고'를 외칩니다.

정서단어를 아래 칸에 넣고 빙고게임을 시작합니다.

TIP! 긍정적 정서단어로 한 줄을 만들면 보너스 점수가 있습니다!

- 빙고게임을 하고 난 소감

- 오늘 가장 많이 내 마음에 드는 정서단어는?

- 그 이유는?

학습지 3-1	내 마음은 그때그때 달라요
	학년 반 이름

■■■ 정서강도는?

- 정서를 경험하고 표현하는 정도를 말한다.
- 정서강도는 상황과 사람에 따라 다르다.
- 정서강도는 정서표현이나 신체적 반응이 강렬할수록 높아진다.

■■■ 우리가 정서를 경험하고 표현하는 정도는 상황에 따라 다릅니다. 다음의 글을 읽어 봅시다.

마음의 집에는 계단도 있어.

친구와 다투면 10계단
엄마한테 혼나면 100계단
더 힘든 일을 만나면 1000계단

아무리 아무리 올라가도
끝이 안 보이는 계단도 있지.

－『마음의 집』(김희경 지음, 창비, 2010) 중에서 일부 발췌 －

■■■ 위의 글에서는 나의 마음에 집이 있다고 표현했습니다. 그리고 올라갈수록 힘든 계단으로 나의 마음을
표현했지요. 자, 이제 여러분의 마음의 집을 살펴봅시다. 여러분의 마음속 집에 있는 계단은 어떤 때
10계단, 100계단, 1000계단이 되는지 적어 보세요.

1000계단: ....

100계단: ....

10계단: ....

사람마다 다른 정서강도

학년   반   이름

▪▪▪ 다음은 곶감에 대한 두 친구의 생각입니다. 우리는 같은 사물이라도 바라보는 관점에 따라 편안한 정서를 느끼기도 하고, 불편한 정서를 느끼기도 합니다. 또 그 정서의 강도도 다릅니다. 친구들이 곶감을 어떻게 생각하는지 짐작해 보세요.

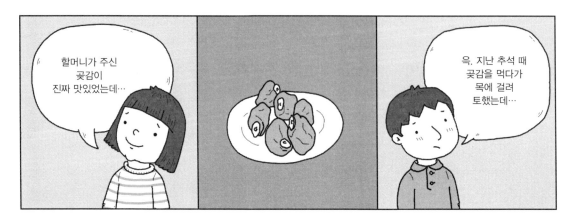

▪▪▪ 위 그림을 보고, 해당되는 정서와 그 강도에 동그라미를 쳐 보세요.

	불편한 정서 ←									→ 편안한 정서
나영이	5	4	3	2	1	0	1	2	3	4	5
수호	5	4	3	2	1	0	1	2	3	4	5

▪▪▪ 짝과 함께 어디에 동그라미 쳤는지, 왜 그렇게 했는지 이야기해 보세요.

과제 3-1	나의 정서강도
	학년 반 이름

■■ 다음 예시처럼 자신의 이야기를 적고, 정서를 유발하는 상황, 그때 나의 표정이나 몸의 반응을 적으세요. 이를 바탕으로 정서에 이름을 붙이고 정서강도를 적으세요.

"엄마는 나와 내 친구 혜준이를 데리고 근교의 박물관으로 체험학습을 갔습니다. 가는 길에 엄마는 친구 혜준이에게 내가 학교에서 잘 지내는지 공부는 제대로 하는지 쉬지 않고 질문을 하셨습니다. 혜준이는 처음에는 대답을 잘하다가 점점 내 눈치를 봤습니다. 그리고 엄마는 나에게 학원 과제는 다 했는지 중간고사 준비는 잘 하고 있는지 시시콜콜한 잔소리를 하셨습니다."

정서를 유발하는 상황	나의 표정과 몸의 반응	정서에 이름 붙이기	정서강도 (100)
혜준이에게 쉬지 않고 질문하는 엄마	엄마의 눈치를 보는 나	부담스럽다	70
	내 눈치를 보는 혜준이를 보는 나	미안하다	80

■■ 나의 이야기:

정서를 유발하는 상황	나의 표정과 몸의 반응	정서에 이름 붙이기	정서강도

우산 장수와 짚신 장수

학년   반   이름

옛날 어떤 어머니가 두 아들을 두고 있었다. 아이들은 잘 자라서 한 아들은 우산 장수 또 한 아들은 짚신 장수가 되었다. 그러나 어머니는 날이 개이고 햇볕이 내리쬐는 날이면 우산을 파는 아들의 장사가 안 될 것을 걱정해야 했고, 비가 쏟아지는 날이면 짚신을 파는 아들의 장사를 걱정해야 했다. 그 어머니는 비가 오라고 빌 수도 없고, 그렇다고 날이 맑으라고 빌 수도 없었다.

🎁 어머니의 생각:

🎁 어머니의 정서:

🎁 어머니의 행동:

어떤 생각? 이런 모습

학년   반   이름

■ 다음은 주인공이 처한 상황과 그 상황에서 한 생각입니다. 이런 생각을 하는 주인공이 어떤 정서를 느낄지, 어떻게 행동할지를 추측해 보세요.

상황	내 절친 강건이에게 말을 걸었는데 강건이가 다른 아이들하고만 이야기할 때		
생각	생각 1	생각 2	생각 3
	'강건이가 일부러 내 말을 못 듣는 체하는군.'	'강건이에게 무슨 일이 있을까? 나쁜 일이 아니어야 할 텐데.'	
정서			
행동			

■ 최근에 나에게 일어난 일 중에서 한 가지를 골라 어떤 상황이었는지 써 보세요. 그리고 그 상황에서 다른 어떤 생각을 할 수 있을지, 그런 생각을 하면 내 정서와 행동에 어떤 변화가 나타날지를 상상하면서 생각그물로 정리해 보세요.

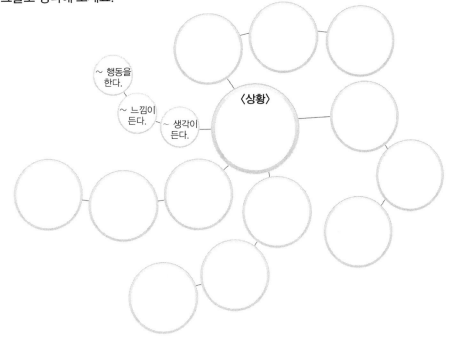

4. 생각따라쟁이 정서 033

이런 상황 이런 생각

학년   반   이름

■■ 일어난 상황이 아니라 상황에 대한 우리의 생각이 우리를 기분 나쁘게 하거나 화나게 합니다. 기분 나빴거나 화났던 상황을 쓰고, 그때 어떤 생각을 했는지도 써 보세요.

기분 나빴던 상황	
↓	
생각	

기분 나빴던 상황	
↓	
생각	

화났던 상황	
↓	
생각	

화났던 상황	
↓	
생각	

급식실에서

생각 오류 파헤치기

학년   반   이름

1. 개인화

자신의 실수가 아닌 것에 대해서도 모두 자신의 잘못 때문이라고 생각하고 스스로 비난하는 오류. 주변 사람들의 말이나 행동이 나에 대한 것이라고 생각하는 오류

예: 문구점 입구에서 몇몇 여학생들이 자기 반 담임 선생님 흉을 보면서 크게 웃었다. 충수가 문구점에 들어가다가 그 여학생들을 보고, 여학생들이 자신을 비웃었다고 생각했다. 얼굴이 빨개져서 문구점을 나와 집으로 가 버렸다.

2. 점술(점쟁이)

일어나지 않은 일에 대해서 충분한 근거 없이 미루어 짐작하는 오류. 아무런 증거 없이 다른 사람이 무슨 생각을 하는지 안다고 생각하거나 어떤 일이 발생했다고 믿는 오류

예: 준서 어머니는 준서의 생일에 파티를 열어 반 친구들을 초대하면 어떻겠냐고 준서에게 물었다. 준서는 친구들에게 물어보지는 않았지만 자신의 생일파티에 아무도 오지 않을 거라고 생각한다. 그래서 생일파티를 아예 안 하는 게 낫다고 생각한다.

3. 재앙화

어느 하나의 사건이 발생했을 때, 자신이 피할 수 없었던 불행한 사건이라고 생각하고 사건의 결과를 지나치게 확대하여 두려워하는 것

예: 엄마, 아빠가 부부싸움을 하시는 모습을 보고, 우리 가족은 곧 뿔뿔이 흩어져 살게 될 것이고 결국 가족 모두 불행해질 것이라고 걱정한다.

4. 선택적 주의

상황의 여러 측면 중에서 부정적인 특징에 대해서만 선택적으로 집중하는 경향

예: 현담이는 중간평가에서 전체 평균이 5점 올랐다. 수학만 3점이 떨어지고 다른 과목은 모두 점수가 올랐다. 평균이 올랐으니 현담이의 기분이 좋을 것 같았지만, 현담이는 점수가 떨어진 수학 생각으로 머리가 아파오기 시작했다.

5. 흑백사고(이분법적 사고)

모든 일에는 긍정적인 경우와 부정적인 경우 두 가지만 있다고 생각하고 제3의 다른 경우들을 생각하지 않는 오류. 즉, 다양한 상황을 좋다, 나쁘다 딱 둘로 나누어 생각하는 오류

예: 이 세상에는 인생 낙오자와 인생 성공자가 있다. 공부를 잘하는 아이는 인생 성공자이고, 공부를 못하는 아이는 인생 낙오자다. 나는 공부를 잘 못하니까 인생 낙오자다.

6. 과잉일반화

하나의 사건이 발생했을 때, 그 사건 하나에 근거해서 자신에 대한 전체적인 판단을 내리거나 부정적 사건이 끊임없이 생길 것이라고 결론을 내리는 것

예: 학급에서 수행평가를 위한 발표를 하면서 한 번 실수를 했는데 '나는 발표 무능자야, 난 앞으로 계속해서 발표를 망칠 거야.'라고 생각한다.

네 생각의 오류를 밝혀 주지

학년   반   이름

상황	생각 오류
(엄마가 어린 동생을 보고 미소 짓는 상황) 이 세상에는 부모의 사랑을 받는 자식과 사랑을 받지 못하는 자식이 있어. 엄마가 항상 예뻐하는 자식은 동생이고, 엄마가 항상 미워하는 자식은 나야.	
(엄마, 아빠가 부부싸움을 하는 상황) 엄마, 아빠가 싸우시는 것은 분명히 내가 공부도 못하고 부모님 말씀을 안 들어서야. 모두 다 내 잘못 때문이야.	
(빗물에 내 옷과 신발이 젖는 상황) 미영이가 생각하기에, 친구들에게는 항상 좋은 일만 일어나고 자신에게는 늘 우울한 일만 생긴다. 오늘도 지나가던 차가 빗물을 튀겨서 옷과 신발이 모두 젖었다. 그러나 미영이는 무거운 책가방을 메고 있었기 때문에 피할 힘조차도 없었다. 미영이는 주위를 잘 살피면서 걸어야겠다고 생각하는 대신 자신의 운명은 이 세상에서 일어나는 불행한 일을 모두 겪는 것이라고 생각한다.	
(외모에 자신이 없는 상황) 키가 크고 축구를 잘하는 기철이. 그러나 기철이는 여드름 때문에 고민이 많다. 여드름 때문에 좋아하는 여자 친구에게 고백도 못하고, 여드름이 악화될까 봐 축구도 안 한다. 또 여드름 걱정에 공부에도 집중이 안 된다. 여드름 생각만 하면 배가 뒤틀려서 밥도 먹을 수 없다.	

〈학습지 5-2〉 정답

1. 흑백사고

2. 개인화

3. 재앙화

4. 선택적 주의

과제 5-1	나에게 이런 일이…
	학년 반 이름

📊 내가 기분 나쁘거나 화가 나는 상황과 그때 들었던 자신의 생각, 느꼈던 정서, 했던 행동을 차례로 써 보세요. 그런 다음, 논리에 맞지 않거나 근거 없는 생각을 했던 적이 있으면, 생각 오류 옆 줄 위에 적어 보세요. 그 생각을 어떤 다른 생각으로 바꾸었는지, 어떤 정서를 느꼈는지, 어떤 행동을 했는지도 써 보세요.

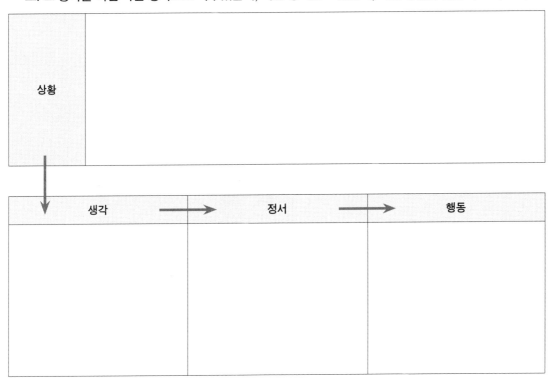

상황	

생각 →	정서 →	행동

생각 오류:

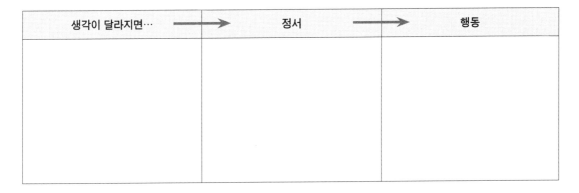

생각이 달라지면… →	정서 →	행동

나는 오늘

학년   반   이름

📌 오늘 또는 최근에 우울했거나 기분 나빴던 일이 있었나요? 무슨 일이 있었는지 상황 칸에 쓰세요. 다음, 그 일이 생겼을 때 어떤 생각이 들었는지를 생각 풍선 안에 자세하게 써 보세요. 그리고 어떤 정서를 경험했는지 또는 어떤 행동을 했는지를 아래 빈 칸에 구체적으로 써 보세요.

상황	우울했거나 기분 나빴던 일:

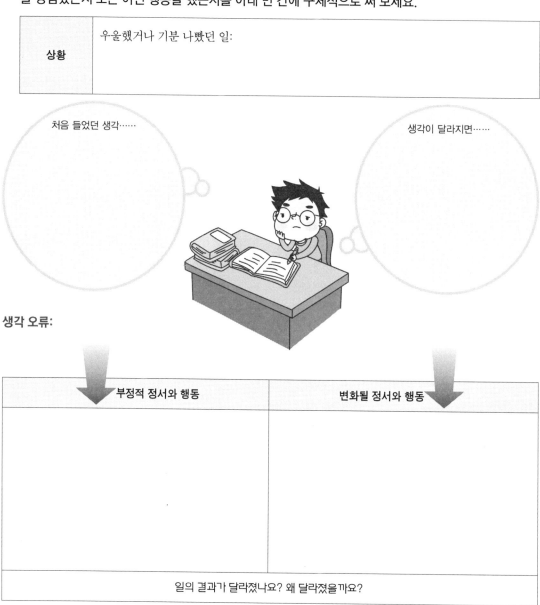

처음 들었던 생각……

생각이 달라지면……

생각 오류:

부정적 정서와 행동	변화될 정서와 행동
일의 결과가 달라졌나요? 왜 달라졌을까요?	

과제 6-1	생각 오류 버리기 리스트
	학년 반 이름

■■ 일주일 동안에 내가 한 생각 오류 또는 부정적 생각을 써 보세요.

1	
2	
3	
4	
5	
6	
7	
8	
9	
10	

긍정적 생각 〈역할극 대본〉

학년   반   이름

＊ 예시 상황 ＊

가족들이 내 성적을 친구의 성적과 비교할 때 / 친구들이 계속 놀리거나 때릴 때 /
내 발표를 듣고 반 아이들이 웃을 때 / 친구들이 나를 무시할 때 /
다른 친구만 칭찬받을 때 / 내 잘못이 아닌데 나만 혼날 때 /
시험공부를 열심히 했는데 성적이 좋지 않을 때

■■ 우리 모둠이 선택한 상황 : (   )

※ 얼굴 윤곽선 안에 얼굴표정을 그려 넣고, 말풍선에는 얼굴표정에 맞는 대사를 써 넣으세요.

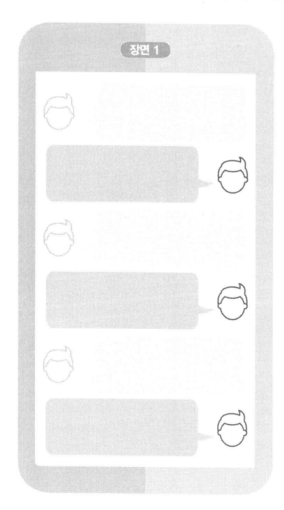

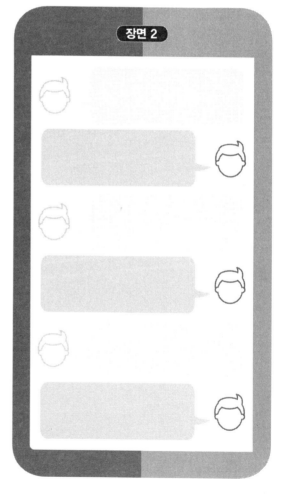

긍정 생각 연습하기

학년   반   이름

1	
2	
3	
4	
5	
6	
7	
8	
9	
10	

과제 7-1	긍정 생각 리스트
	학년 반 이름

▓▓ 일주일 동안 내가 한 긍정적 생각을 떠올려 보고, 가능한 한 많이 써 보세요.

┌───── ✦ 긍정 생각 팁 ✦ ─────┐

- 내가 모르는 무슨 이유가 있을 거야.
- 그럴 수도 있지.
- 한 번 더 생각해 보자.
- 더 좋은 방법이 있을 거야.
- 나도 그런 적이 있었어.

1	
2	
3	
4	
5	
6	
7	
8	
9	
10	

긍정 생각 달인 추천! 추천!

일주일의 방학이 생긴다면

학년   반   이름

일주일의 방학 동안, 10만원으로 내가 하고 싶은 일은 무엇이든지 할 수 있습니다. 하고 싶은 것을 자유롭게 적어 보세요.

욕구를 맞춰라 퀴즈

■■■ 각 상황에서 여러분의 어떤 욕구가 충족되는지 또는 어떤 욕구의 충족이 방해 받는지를 말하세요.

상황	욕구
친구에게 문자메시지로 소식을 전했다.	사랑과 소속의 욕구
이제 막 숙제하려는데 '숙제해'라는 엄마의 말이 나를 숙제하기 싫게 만들었다.	자유의 욕구
열심히 공부해서 성적이 올랐다.	힘 성취의 욕구
발표할 자료를 열심히 만들어 완성했다.	힘 성취의 욕구
내일 볼 시험이 걱정되긴 했지만, 친구와 함께 노래방에 갔다.	즐거움의 욕구, 사랑과 소속의 욕구
학원이 쉬는 날이다.	자유의 욕구
엄마가 사 오신 옷이 마음에 안 들었다.	자유의 욕구
다이어트를 결심했는데, 밤늦게 라면을 먹고 후회했다.	힘 성취의 욕구
게임에서 레벨이 상승했다.	힘 성취의 욕구
친구들과 노래방에서 신나게 놀았다.	즐거움의 욕구
맛있는 음식을 먹었다.	생존의 욕구
○○이는 왕따다.	사랑과 소속의 욕구
오랜만에 아빠와 이런저런 이야기를 나누었다.	사랑과 소속의 욕구
달리기에서 1등을 했다.	힘 성취의 욕구
친구들과 게임을 했다.	즐거움의 욕구, 사랑과 소속의 욕구
안마를 해드렸더니 아빠가 좋아하셨다.	사랑과 소속의 욕구
발표를 잘했다고 선생님께서 칭찬해 주셨다.	힘 성취의 욕구
학교 축제를 즐겼다.	즐거움의 욕구
친구가 생일 선물을 사주었다.	사랑과 소속의 욕구
주말에 혼자 집에 있었다.	자유의 욕구
문제집 한 권을 끝마쳤다.	힘 성취의 욕구
요즘 취미로 그림을 그리고 있다.	즐거움의 욕구
내가 컴퓨터를 쓰고 있는데 형이 쓰겠다고 비키라고 한다.	자유의 욕구
밥을 배부르게 먹었다.	생존의 욕구
친구들과 시내를 돌아다녔다.	자유의 욕구, 즐거움의 욕구, 사랑과 소속의 욕구
난 내년에 전교회장이 되고 싶다.	힘 성취의 욕구
K-Pop을 들으면 저절로 고개가 흔들어진다.	즐거움의 욕구
경험치 더블데이에는 열심히 게임을 한다.	힘 성취의 욕구
난 짜장면이 먹고 싶은데 엄마가 짬뽕 먹으라고 하신다.	자유의 욕구
방학 동안 마음먹고 독해집 한 권을 끝마쳤다.	힘 성취의 욕구

과제 8-1	채워지지 않은 나의 욕구
	학년 반 이름

누구나 채우고 싶은 욕구를 가지고 있습니다. 자신의 욕구 중에서, 요즈음 채워지지 않고 있는 욕구를 생각나는 대로 써 보세요. 그리고 내 욕구가 채워지지 않는 이유는 무엇인지 자유롭게 써 보세요.

욕구가 채워지는 상황을 적어 봐요

학년   반   이름

과제 9-1	나는야 욕구 충족 해결사
	학년 반 이름

■ 여러분에게 소중한 사람들의 욕구를 여러분이 채워준 적이 있을 거에요. 언제, 어떤 상황에서 그랬었는지 써 보세요.

소중한 사람	생존의 욕구	사랑과 소속의 욕구	힘 성취의 욕구	자유의 욕구	즐거움의 욕구

파트 3 나를 다스리기

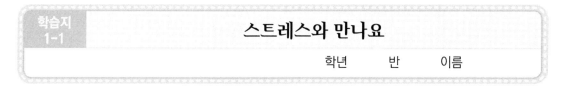

스트레스와 만나요

학년   반   이름

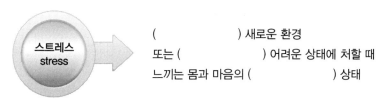

스트레스
stress

(   ) 새로운 환경
또는 (   ) 어려운 상태에 처할 때
느끼는 몸과 마음의 (   ) 상태

여러분은 어떤 상황에서 스트레스를 느끼나요? 글상자 안에 스트레스 상황을 써 보세요.

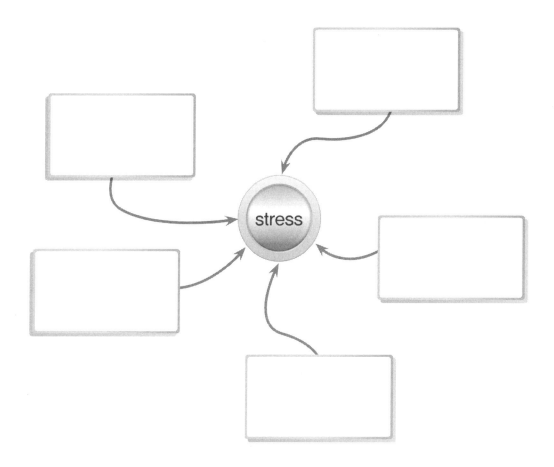

스트레스에도 유형이 있다!

학년   반   이름

■■■ 스트레스 상황을 생각하며 다음 질문에 답해 보세요.

1. 나에게 기쁨과 활력을 주나요?	1. 불쾌함과 괴로움을 느끼나요?
2. 흥미롭고 즐거운 느낌인가요?	2. 자신의 대처나 적응에도 불구하고 오래 지속되고 불안이나 우울을 경험하게 되나요?
3. 당장에는 부담스럽더라도 적절히 대응하면 내 삶이 더 좋아질 수 있나요?	3. 내 에너지를 소모시키나요?
4. 내가 전보다 더 잘하게 되거나 더 성장하는 좋은 결과가 생기나요?	4. 전보다 못하거나 실패하는 등 나쁜 결과가 생기나요?

(   ) 스트레스   (   ) 스트레스

여행 준비. 임원선거, 연애,   친구와의 다툼, 따돌림, 사랑하는 사람의
체육대회, 진학, 취직, 이사 등   죽음이나 이별, 경제적인 어려움, 진학 실패 등

스트레스는 무조건 건강에 해로움만 주는 것이 아니라,
적당하면 오히려 몸과 마음에 활력을 준다.

스트레스란?

구분	내용
개념	• 적응하기 어려운 환경에 처할 때 느끼는 심리적·신체적 긴장 상태 • 1936년 캐나다의 내분비학자 한스 셀리(Hans Selye)가 처음 사용한 용어로, 도전적인 새로운 환경에 대해 반응할 때의 유기체 상태 또는 적응하기 어려운 상태에 처할 때 느끼는 심신의 긴장 상태
유형	1) 이로운 스트레스(eustress): 기쁨과 활력을 주는 스트레스. 당장에는 부담스럽더라도 적절히 대응하여 자신의 향후 삶을 향상시킬 수 있는 스트레스 　• 흥미롭고 즐겁고 기쁨과 활력을 주는 변화 　• 향상된 수행이나 개인의 성장처럼 긍정적인 결과를 초래함 　　예: 휴가계획, 여행, 발표, 임원선거, 연애, 학예회, 체육대회, 진학, 취직, 새로운 집으로의 이사 등 2) 해로운 스트레스(distress): 불쾌함과 괴로움을 주는 스트레스. 자신의 대처나 적응 노력에도 불구하고 지속되며 불안이나 우울 같은 증상을 일으킬 수 있는 스트레스 　• 고통스럽고 불쾌하며 부정적인 사건으로 우리의 에너지를 소모시킴 　• 저조한 수행이나 실패 같은 부정적인 결과를 초래함 　• 에너지 소모가 심하면 질병에 취약해짐 　　예: 친구와의 다툼, 친구의 놀림, 따돌림, 사랑하는 사람의 죽음이나 이별, 경제적인 어려움, 진학 실패 등 〈참고〉 청소년기 주요 스트레스 요인 　• 가정문제(부모의 싸움·이혼, 형제자매간의 말다툼, 부모의 실직·사업실패로 인한 경제적 어려움, 부모의 지나친 간섭과 강요, 부모의 무관심, 부모의 체벌, 가족의 부상 및 큰 질병, 대화 부족 등) 　• 교우문제(친한 친구와의 다툼, 친구의 오해·불신, 이성친구와의 이별 등) 　• 자신문제(외모에 대한 열등감, 소극적 성격 등) 　• 환경문제(전학, 등하교시 교통 불편, 소음, 교육제도에 대한 불만 등) 　• 학교문제(성적, 잦은 시험, 선생님의 무관심, 심한 체벌, 삭막한 분위기 등) 　• 진로문제(진로에 대한 불확실한 판단, 진학에 대한 고민 등)
증상	• 신체: 피로, 두통, 불면증, 소화불량, 땀 등 • 행동: 손톱 깨물기, 발 떨기, 과민반응 등 • 정서: 불안, 우울, 짜증, 화, 걱정 등
영향	• 적당한 스트레스는 긴장감 유지, 능력 향상, 부상 예방 • 지나치거나 장기간 지속되는 스트레스는 신체 및 정신 건강에 유해

스트레스 증상 파헤치기

학년   반   이름

▦ 모둠원: [   ]

▦ 스트레스가 우리 몸에 주는 다양한 신호(신체, 행동, 생각, 정서)에 대해 모둠 친구들과 함께 알아봅시다. 여러분이 스트레스를 느꼈던 때를 천천히 떠올려 보세요. 그리고 여러분 몸에서 일어난 반응을 사람 그림 위에 그리거나 글로 써보세요.

| 수업자료
2-1 | +α 스트레스를 느끼는 우리 몸 |

스트레스 증상	
신체	입맛이 없어요 변비나 설사, 장염이 생겼어요 나른하고 피곤해요 두근두근, 조마조마 심장이 뛰어요 몸이 쑤시고 아파요 눈이 피로해요 잠이 안 와요 잠이 너무 많이 와서 비몽사몽해요 몸이 부르르 떨려요 다리를 떨어요 손톱을 물어뜯어요 발을 떨어요 화장실에 자주 가요
행동	말을 횡설수설해요 덜렁거리며 실수를 많이 해요 말도 하기 싫고 모든 것이 귀찮아요
생각	뭔가를 잘 기억해 내기가 어려워요 집중력이 떨어져요 건망증이 심해졌어요 포기하고 싶은 생각이 들어요 자신감을 잃었어요
정서	긴장돼요 귀찮아요 불안해요 우울해요 초조해요 친구나 가족에게 버럭해요 작은 일에도 짜증이 나고 화가 나요 해낼 수 없을 것 같은 무력감이 들어요 덜컥 겁이 나요

스트레스 원인 및 지수 파악하기

학년   반   이름

📑 자신의 스트레스 원인과 정도를 다음 내용을 통해 확인해 보세요.

항목	전혀 그렇지 않다 (1점)	약간 그렇다 (2점)	매우 그렇다 (3점)
1. 부모님이 늘 공부하라고 해서 짜증이 난다.	1	2	3
2. 부모님이 내 일에 지나치게 간섭해서 짜증이 난다.	1	2	3
3. 부모님께서 시키는 일이 너무 많아서 짜증이 난다.	1	2	3
4. 부모님이 내게 거는 기대와 요구가 지나치게 높아 부담스럽다.	1	2	3
5. 부모님이 내 성적에 너무 신경을 써서 부담스럽다.	1	2	3
6. 마음에 맞는 친구가 없어서 우울하다.	1	2	3
7. 친구들이 나를 따돌리는 것 같아서 속상하다.	1	2	3
8. 친구들이 나를 무시하는 것 같아서 언짢다.	1	2	3
9. 친구들과 마음껏 어울리지 못해서 불만족스럽다.	1	2	3
10. 친구들과 이야기가 잘 통하지 않아서 불만족스럽다.	1	2	3
11. 학교숙제가 많아 부담스럽다.	1	2	3
12. 선생님들이 몇몇 학생들만 편애하는 것 같아 불만족스럽다.	1	2	3
13. 학교생활에 적응하기가 힘들다.	1	2	3
14. 교실, 화장실 등 학교 시설을 이용하는 것이 불편하다.	1	2	3
15. 몇몇 선생님들의 수업 방식이 마음에 들지 않는다.	1	2	3
16. 성적 때문에 신경이 많이 쓰인다.	1	2	3
17. 시험 때마다 불안하고 긴장된다.	1	2	3
18. 학원이나 과외 활동이 많아서 힘들다.	1	2	3
19. 앞으로 해야 할 공부를 생각하면 걱정이 앞선다.	1	2	3
20. 노력해도 성적이 오르지 않아서 고민이 크다.	1	2	3

영역	스트레스 점수	
부모자녀관계(1~5번)		각 영역별 스트레스의 정도를 점수가 높은 것부터 차례대로 기록해 보세요.
친구관계(6~10번)		
교사 및 학교(11~15번)		
학업(16~20번)		

출처: 최정원, 이영호(2008).

우리 스트레스 레시피를 나눠요!

학년   반   이름

🎁 모둠원: [   ]

질문: 내가 평소에 활용하고 있거나 내가 알고 있는 스트레스 대처방법은?

우리 모둠의
스트레스 레시피

모둠원들과 스트레스
대처방법에 대해
자유롭게 이야기해요.

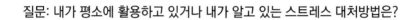

내가 활용해 보고 싶은
스트레스 레시피

각 모둠 친구들의 발표를 듣고
내가 활용해 보고 싶은
스트레스 대처방법을 메모해 보세요.

건강한 스트레스 레시피, 나는야 스트레스 요리사!

학년   반   이름

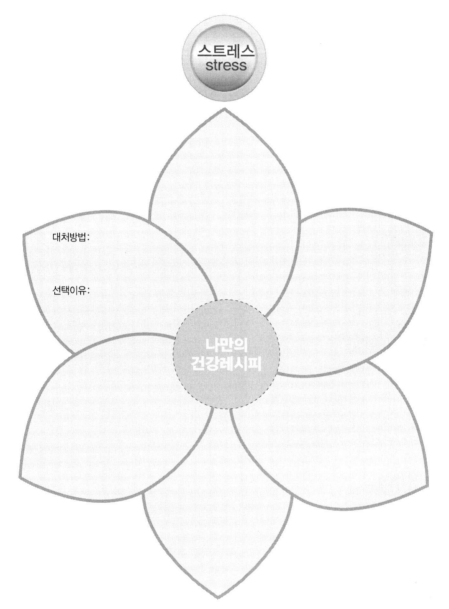

스트레스
stress

대처방법:

선택이유:

나만의
건강레시피

나는 앞으로 스트레스 상황에서 건강한 방법을 선택하고 실천할 것을 약속합니다.

_____ 년 _____ 월 _____ 일 이름: _____ (서명)

스트레스 OX 퀴즈

학년   반   이름

스트레스 ~ 내 손 안에 있소이다!	
1. 스트레스는 모두 나쁘다.	O, X
2. 스트레스를 일으키는 원인은 다양하다.	O, X
3. 같은 스트레스 상황에서 사람들은 같은 감정과 신체증상을 보인다.	O, X
4. 스트레스의 유형에는 2가지가 있다.	O, X
5. 스트레스를 경험하지만, 스트레스에 대한 대처행동을 하지 않으면 궁극적으로 신체적, 심리적 측면에서 부정적인 결과가 나타날 수 있다.	O, X
6. 스트레스에 대처하는 방법은 자신의 흥미나 실천 가능성에 따라 다양할수록 좋다.	O, X
7. 사람들이 많이 선택하는 스트레스 대처방법이 나에게도 유용할 것이다.	O, X
8. 어떤 방법은 스트레스를 잠깐 줄여 주는 것 같지만 장기적으로 봤을 때 더 악화시키는 것일 수도 있다. 스트레스를 감소시키는 데 효과적인지, 나중에 더 많은 스트레스를 유발하는 것은 아닌지를 고려하여 대처방법을 선택하는 것이 바람직하다.	O, X

내가 화날 때

학년   반   이름

📑 나는 어떤 상황에서 누구에게 화가 났고, 그때 내 몸에 어떤 반응이 일어났는지 적어 보세요.

화가 나는 상황	화가 나는 대상	신체 반응
(예) 공부하라는 엄마의 잔소리를 계속 들어야 할 때	엄마	머리가 아프다

분노하는 정도는 사람마다 달라요

학년   반   이름

▓▓ 우리 모둠원들이 평상시 분노를 조금 느끼는 상황부터 크게 느끼는 상황까지 단계별로 하나씩 써 보세요.

▓▓ 우리 반 친구들이 가장 분노하는 상황 다섯 가지를 정해 보세요.

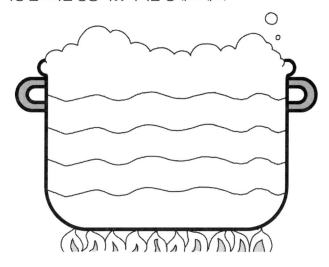

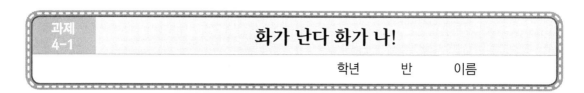

과제 4-1

화가 난다 화가 나!

학년   반   이름

🎁 화가 났던 일에 대해서 다음의 내용을 정리해 보세요.

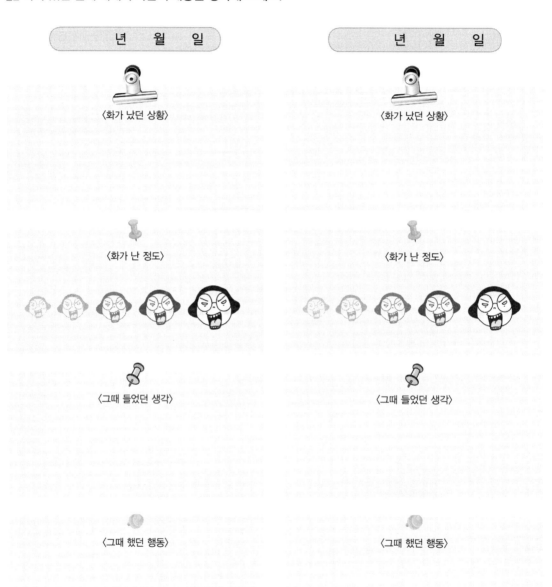

나는 어떻게 분노를 가라앉혔나?

학년   반   이름

▦▪ 나는 평소에 순간적으로 끓어오르는 분노를 어떻게 가라앉히는지 쓰고 그 방법의 장단점을 써보세요.

(예)
방법: 소리를 지른다.

방법:

(예)
장점: 속이 후련하다.

장점:

(예)
단점: 상대를 더 자극할 수 있다.

단점:

방법: 장점: 단점:

분노를 가라앉히는 나만의 효과적인 방법 찾기

학년   반   이름

■■ 화가 났던 순간의 끓어오르는 분노를 가라앉히기 위한 다양한 방법을 실천해 보고 자신과 상대에게 가
장 효과적인 방법을 찾아보세요.

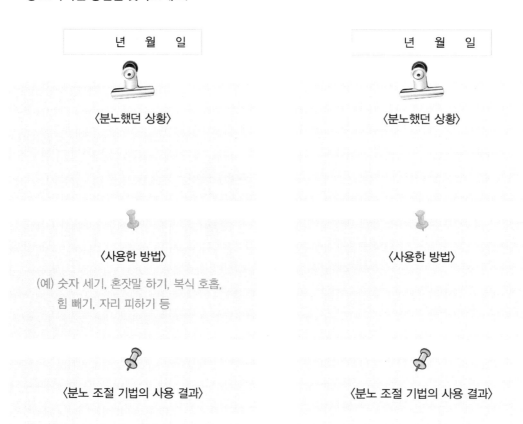

년 월 일

〈분노했던 상황〉

〈사용한 방법〉

(예) 숫자 세기, 혼잣말 하기, 복식 호흡,
힘 빼기, 자리 피하기 등

〈분노 조절 기법의 사용 결과〉

년 월 일

〈분노했던 상황〉

〈사용한 방법〉

〈분노 조절 기법의 사용 결과〉

〈순간의 분노를 가라앉히는 나만의 효과적인 방법〉

화가 났을 때 무슨 일이 벌어진 거야?

학년　　　반　　　이름

📌 내가 화를 냈던 상황을 떠올려 보세요. 어떤 상황에서 화가 났었는지 왼쪽 칸에 쓰세요. 가운데 칸에는
그때 내가 했던 행동을 쓰고, 오른쪽 칸에는 그 행동 때문에 일어난 결과를 쓰세요.

분노 상황	나의 행동	행동 결과
(예) 친구가 지나가다가 내 발을 밟았다.	친구를 주먹으로 쳤다.	친구도 나를 주먹으로 쳐서 싸우게 되었고, 둘 다 선생님께 벌을 받았다.

화가 났을 때 문제를 해결하려면?

학년   반   이름

〈학습지 6-1〉에 적은 화가 나는 상황들 중에서 가장 크게 화가 났던 상황을 고르세요. 그 상황과 그때 내가 했던 행동 그리고 그 행동의 결과를 왼쪽 상자에 옮겨 적습니다. 다음, 모둠원들에게 종이를 돌리면 모둠원들은 각자 분노 해결 방법과 예상되는 결과를 하나씩 적어 줍니다.

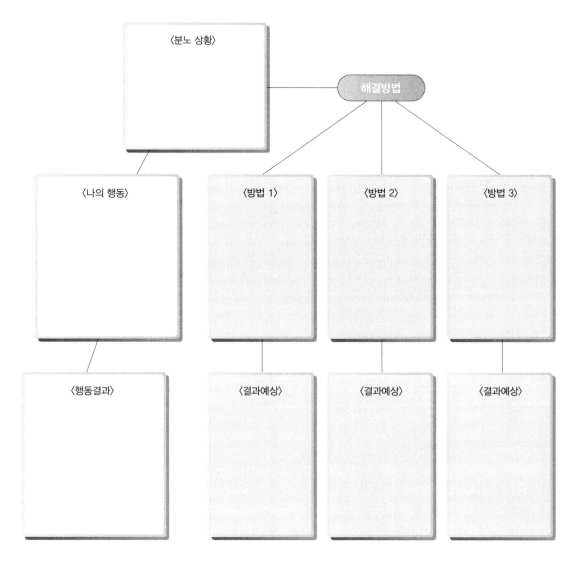

📑 일주일 동안 화가 났던 일 중 한 가지를 골라 '화가 났던 상황' 칸에 씁니다. 다음, 그때 했던 행동, 그 행동 때문에 생긴 결과, 더 나은 분노 해결 방법, 그 방법을 사용할 때 예상되는 결과를 차례대로 씁니다.

화가 났던 상황	
그때 나의 행동	
행동으로 인한 결과	
더 나은 해결방법	
예상되는 결과	

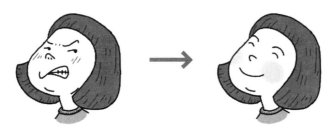

파트 4 좋은 관계 맺기

공감! 이렇게 해 보자!

학년   반   이름

경청과 공감

경청	상대의 말을 듣기만 하는 것이 아니라, 상대방이 전달하려는 말의 내용과 이면에 있는 정서에도 귀 기울여 듣는 것
공감	타인의 입장이 되어 상대의 생각과 정서를 이해하고 표현하는 것

다음의 예처럼 세 문제 각각에 공감반응을 표현해 보세요.

친   구: 이번 주 주말에 가족들과 강원도로 캠핑을 가기로 했었는데 갑자기 아빠 회사에 일이 생겨서 취소됐어.

공감반응: 캠핑을 못 가게 되어서 무척 속상하겠다.

1. 엄마가 사 주신 가방을 학원에서 잃어 버렸어. 엄마한테 야단맞을 걸 생각하니 집에 가기 싫어.

2. 시험이 다가오는데 공부가 안 돼. 점수를 잘 받고 싶은데 뜻대로 공부가 되지를 않아.

3. 어제 친구와 놀러 가기로 약속했었어. 그런데 약속시간이 지나도 그 친구가 오지를 않았어. 그 친구가 자다가 약속을 깜박 잊었대.

친구의 이야기를 읽고, 적절한 공감반응을 찾아 주세요.

1. 네가 내 말을 중간에서 가로막으면 정말 신경질이 나.

   ① 너 나한테 시비 거는 거야?
   ② 나도 그럴 때가 있긴 해.
   ③ 네 말을 다 듣지 않고 중단시켜서 화가 났구나.
   ④ 난 네 말이 다 끝난 줄 알았지. 미안하다. 미안해.

2. 요즘 들어 내가 너무 뚱뚱해진 것 같아.

   ① 그러게 운동 좀 해라. 그러면 살이 빠질 거야.
   ② 내가 보기엔 별로 안 뚱뚱한데 뭘.
   ③ 나도 살이 많이 쪄서 고민이야.
   ④ 뚱뚱하다고 생각되어서 몹시 신경이 쓰이나 보구나.

나의 마음통장

학년   반   이름

📑 내가 화났던 상황을 간단히 적어 봅시다.

1.	2.

📑 모둠원의 반응을 적습니다.

모둠원 이름	공감반응	공감반응에 대한 내 생각
1.		
2.		
3.		
4.		
5. (예) 준영	엄마가 그렇게 말씀하셔서 많이 힘들었겠다.	나의 마음을 알아주는 준영이가 참 좋았다.

| 나의 마음통장 |

( )모둠	입출금 내역	입금	출금	잔액					
	선생님께서 주심	+15		15	♡	♡	♡	♡	♡
나					♡	♡	♡	♡	♡
1.					♡	♡	♡	♡	♡
2.									
3.									
4.									
5. (예) 준영	성적고민	+2							

* 상대방의 공감 반응이 좋았을 경우, 내 하트를 최대 2개까지 줄 수 있다.
  상대방의 반응에 기분이 나쁠 경우, 상대방의 하트를 최대 2개까지 가져올 수 있다.

친구야, 그랬구나!

학년   반   이름

| 나의 마음통장 |

입출금 내역	입금	출금	잔액					
선생님께서 주심	+20		20	♡	♡	♡	♡	♡
1.				♡	♡	♡	♡	♡
2.				♡	♡	♡	♡	♡
3.				♡	♡	♡	♡	♡
4.								
5.								
6.								
7. (예) 준영이와 성적고민	+2							

🎁 친구에게 하트를 받거나 주었을 때, 대화를 적어 보세요.

이름	친구의 반응	반응에 대한 느낌
1.		
2.		
3.		
4.		
5.		
6.		
7. (예) 준영	엄마가 그렇게 말씀하셔서 많이 힘들었겠다.	나의 마음을 알아주는 준영이가 참 좋았다.

나를 읽어 주는 말하기 연습

학년   반   이름

▋ 다음의 말을 나를 읽어 주는 말하기로 바꾸어 봅시다.

● 보 기 ●

1단계: 상황 및 상대방의 말과 행동에 대한 사실을 있는 그대로 묘사하기

"무시했어." → _____

"괴롭혔어." → _____

"이기적이야." → _____

"네(엄마) 마음대로 하잖아." → _____

"엄마는 왜 날 못 믿어?" → _____

▋ 나를 읽어 주는 말하기 3단계로 바꾸어 말하기

● 보 기 ●

"넌 꼭 네가 하고 싶은 대로만 하더라. 네 맘대로 해라."

[사실] _____ ~가 _____ ~해서

[영향] _____ ~하게 돼.

[감정] 그래서 난 _____ ~해.

▋ 나를 읽어 주는 말하기 3단계를 만들고 생각 나누기

[모둠원] _____

상황:

[사실]	[영향]	[감정]
가	나는	그래서 난
~해서	~하게 돼.	~해.

나를 읽어 주는 말하기 사용 일기

학년   반   이름

🔳 생활 속에서 나를 읽어 주는 말하기를 실천한 경험을 일기로 써 봅시다. 또 나를 읽어 주는 말하기를 해 보니 주변 사람들이 어떤 반응을 보였는지, 여러분 자신의 소감은 어떤지를 자세히 써 보세요.

● **어떤 상황이었나요?**

● **누구에게 말했나요?**

● **어떻게 말했나요?**

● **상대는 어떤 반응이었고, 내 마음은 어땠나요?**

요청하는 말하기와 거절하는 말하기

학년   반   이름

■■■ 요청하는 말하기와 거절하는 말하기의 2단계

단계	요청하기	거절하기
[1단계] 상대방의 입장을 생각하여 요청(거절)함.		
[2단계] 요청(거절)하는 이유나 내게 미치는 영향을 솔직하게 말함.		

■■■ 사람 되기 게임

○ 나의 레벨은?

파리

개구리

뱀

독수리

사람

과제 3-1	요청하는 말하기와 거절하는 말하기 사용 일기
	학년 반 이름

🔲 요청하는 말하기와 거절하는 말하기의 2단계를 사용해 본 경험을 쓰세요.

○ 요청하거나 거절했던 상황은?

○ 어떻게 말했나요?

○ 상황은 어떻게 되었고, 내 마음은 어땠나요?

갈등은 뭘까?

학년   반   이름

■■ '갈등' 하면 떠오르는 생각을 마인드맵으로 작성해 보세요.

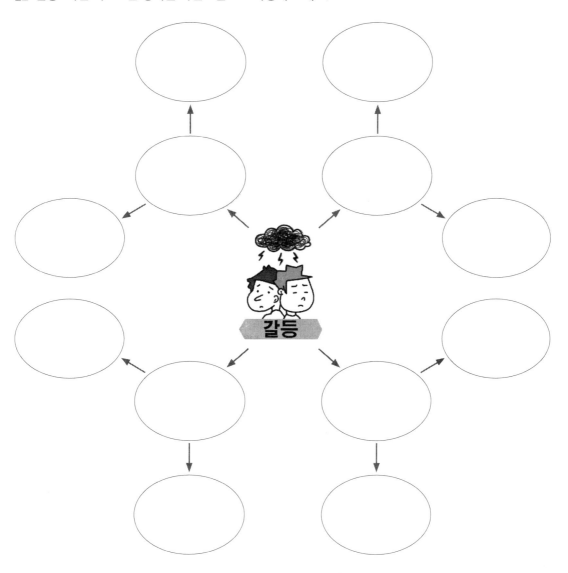

■■ 위에서 작성한 마인드맵을 보고, '갈등'이 무엇인지 한 문장으로 적어 보세요.

갈등이 왜 생겼을까?

학년   반   이름

📑 학생이 발표한 갈등 상황을 적습니다.

○ 위 상황에서 표출된 갈등의 원인은 무엇인가요?

○ 위 상황에서 표출되지 않은 숨겨져 있는 갈등의 원인은 무엇인가요?

📑 갈등 상황(사례)

교실 청소 담당자는 현주, 소라, 소영이다. 평소 세 학생은 청소구역을 나눈 후 돌아가면서 청소했다. 그런데 어제 칠판 닦기를 한 소영이가 오늘도 칠판 닦기를 하겠다고 고집을 부렸다. 평소 소영이가 자주 억지를 부리는 터라 현주와 소라는 마지못해 그러라고 했지만 여전히 소영이의 행동에 짜증이 났다. 소영이가 칠판을 깨끗이 닦지도 않은 상태에서 복도에서 웃으면서 다른 친구와 이야기하고 있는 것을 본 현주는 화가 나서 교실 바닥을 닦던 대걸레를 두고 소영이에게 급히 달려갔다.

※ 사례가 더 필요한 경우 5차시 자료 〈학습지 5-3〉을 활용할 수 있다.

📑 나에게 가장 소중한 것 세 가지를 순서대로 적어 봅시다.

첫 번째	두 번째	세 번째

과제 4-1	우리는 왜 불편한 사이가 되었을까?
	학년 반 이름

▪▪▪ 나와 상대방 사이에 갈등이 발생했던 배경을 적어 보세요.

_____

_____

_____

▪▪▪ 위 갈등 장면에서 나와 상대방이 했던 대화를 그대로 적어 보세요.

_____

_____

_____

_____

▪▪▪ 위 갈등이 발생한 결과, 어떤 일이 벌어졌는지 구체적으로 적어 보세요.

_____

_____

갈등해결 역할극 대본 작성하기(예시)

모둠(원) 이름: 유관순, 이순신, 홍길동, 허준, 김만덕

■ 상황: 민지와 혜리가 분식집에서 밥 먹는 상황

■ 등장인물: 해설자 1, 해설자 2, 민지, 혜리, 종업원

■ 해설자 1: 민지는 학교가 끝나고 학원에 가기 전에 배가 고파서 같은 학원에 다니는 혜리에게 함께 분식집에 가자고 했습니다.

민　　지: 혜리야, 학교 끝났는데 너도 학원 가지?

혜　　리: 어!

민　　지: 근데 너 배고프지 않냐? 난 엄~청 고픈데… 우리 밥 먹고 갈래?

혜　　리: 어, 그럴까? 나도 좀 출출한 것 같기도 한데… 가자!!!

해설자 2: 민지와 혜리는 학교 앞에 있는 분식집에 들어갑니다.

종 업 원 : 뭐 드실래요?

민　　지: 나는 치즈김치볶음밥. 너는?

혜　　리: 음, 난 그냥 김밥.

해설자 1: 조금 후 주문한 치즈김치볶음밥과 김밥이 나왔다.

혜　　리: 이거 치즈김치볶음밥 맛있겠다. 좀 먹어 봐도 돼?

민　　지: 어!

혜　　리: (치즈의 대부분을 숟가락으로 뜨며) 치즈도 무지 많이 넣었네? (계속 치즈김치볶음밥을 먹으며) 이거 정~말 맛있다.

민　　지: (대답 없이 접시만 쳐다보며) …….

해설자 2: 혜리는 민지의 볶음밥을 반 이상 먹게 되었고 식사를 끝낸 후 민지의 얼굴은 굳어 있습니다.

- -

혜　　리: 민지야, 기분 안 좋은 일 있어?

민　　지: 내가 배가 많이 고팠는데, 네가 내 볶음밥 다 먹어 버렸잖아!　　　　〈갈등상황 파악〉

- -

혜　　리: 볶음밥이 너~무 맛있어서 너 배고픈 건 생각 못하고 나도 모르게 그렇게 먹어 버린 것 같아. 미안해~!

민　　지: 알았어.

혜　　리: 이제 곧 학원 시작하니까 중간에 내가 뭐 살게! 샌드위치 어때? 너 좋아하잖아!

민　　지: 오케이~!!!

〈다양한 갈등해결 방법 탐색 및 선택〉

방법	결과(긍정, 부정)	선택 여부(○, ×)
아무 말하지 않고 서로 모른 체한다.	부정	×
서로 솔직하게 대화한다.	긍정	○

학습지 5-2	갈등해결 역할극 대본 작성하기

모둠(원) 이름:

📑 과제로 해 온 갈등 상황 중 하나를 선택하여 갈등해결을 위한 역할극 대본을 작성해 봅시다.
또한 갈등상황이 파악된 대사 앞에 ★표 합니다.

○ 상 황:

○ 등장인물:

○ 해설자 1:

( ): _____
( ): _____
( ): _____
( ): _____
( ): _____
( ): _____
( ): _____
( ): _____
( ): _____
( ): _____
( ): _____
( ): _____
( ): _____
( ): _____
( ): _____
( ): _____
( ): _____
( ): _____

〈다양한 갈등해결 방법 탐색 및 선택〉

방법	결과(긍정, 부정)	선택 여부(○, ×)

갈등해결 역할극 평가하기

📖 교사는 아래와 같은 평가 내용을 참고로 하여 역할극을 평가합니다. 잘하는 모둠일수록 ♥(하트)의 수를 더 많이 주고, 교사 평가 칸에 내용을 간단히 기록하여 추후 피드백 시 활용합니다.

시연 모둠명 　　　　　　　　영역	내용의 충실성	표현의 적절성 (예: 대사, 동작, 목소리)	모둠원의 참여도	결과 (♥ 합계)
	♥♥♥♥♥	♥♥♥♥♥	♥♥♥♥♥	
▶교사 평가:				
	♥♥♥♥♥	♥♥♥♥♥	♥♥♥♥♥	
▶교사 평가:				
	♥♥♥♥♥	♥♥♥♥♥	♥♥♥♥♥	
▶교사 평가:				

갈등 상황 사례

■■ 다음 갈등해결 상황들 중 하나를 선정하여 갈등해결을 위한 대본을 작성해 보세요.

● 상황 1 ●

수호와 홍철이는 오랜 친구 사이인데, 수호가 학기 초에 새로 전학 온 두준이와 자주 어울린다. 한 번은 수호가 홍철이한테 pc방에서 게임하자고 해서 둘이 함께 pc방에 갔다. 막상 pc방에 도착하니 두준이도 있었고, 수호는 두준이하고만 게임을 했다. 그 이후에 수호가 홍철이한테 함께 놀자고 하면 언젠가부터 매번 홍철이는 시큰둥하게 답하거나 싫다고 한다.

● 상황 2 ●

보라와 소현이는 교실 청소 담당이다. 점심식사 후 청소시간에 소현이는 교실을 쓸고 닦고 있는데, 그제야 보라가 교실에 들어왔다. "보라야, 너는 항~상 늦게 오더라. 내가 이미 바닥 쓸기랑 닦기 거의 다 했어." 이에 보라는 "그럼 네가 기다리면 될 거 아냐?"라고 쏘아붙였다.

● 상황 3 ●

중간고사 기간이라 두 시간 내내 공부를 하니, 점심 먹을 때가 되었다. 점심을 먹고 다시 책을 보고 있는데 졸음이 와서 TV를 켰다. TV를 잠깐 보고 있는데, 엄마가 들어오시더니 "너는 시험기간인데 공부는 안 하냐?"라고 꾸중하신다.

● 상황 4 ●

준영이와 현아는 중학교에 올라와서부터 이성친구로 사귀기 시작했다. 처음에는 둘이 자주 만나 이런 저런 이야기를 하거나 간식을 사먹으며 놀았다. 그러다가 한 달 전부터 현아가 준영이의 전화를 잘 받지 않았다. 어렵게 현아에게 전화연결이 되어 만나자고 했더니, 현아가 싫다고 대답해서 준영이가 화를 냈다. 그랬더니 현아가 전화를 바로 끊어 버렸다.

※ 모둠에서 갈등 사례가 필요한 경우 활용합니다.

그때는 내가 미안했어!

학년   반   이름

📑 과거에 원만하게 해결되지 못했던 갈등이 언제, 어떻게, 왜 발생했는지 그 배경에 대해 쓰세요.

_____

_____

_____

📑 갈등이 발생했을 때 자신이 사용했던 부적절한 갈등해결 방법과 그로 인한 결과를 쓰세요.

_____

_____

_____

📑 과거 부적절했던 갈등해결 방법을 긍정적인 방법으로 바꾸려면 어떻게 해야 할지 적어 보세요.

_____

_____

_____

〈파트 1〉 시작과 마무리

1차시 궁금해 SEL!

Collaborative for Academic, Social, and Emotional Learning (2015). Social and emotional learning core competencies. *http://www.casel.org/social-and-emotional-learning/core-competencies/*

허차순, 김지현, 최희철, 유현실 (2006). 청소년의 자기 통제력, 학교수업 참여도, 개인 학습시간과 학업성적 간의 관계. 한국청소년연구, 17(1), 181-200.

- 관련 영상
  1. EBS 다큐프라임 〈공부의 왕도〉 2부. 정서가 학습을 지속시킨다
  2. EBS 다큐프라임 〈엄마도 모르는 아이의 정서지능〉 2부. 아이의 성적표를 바꾸다

2차시 반가워, SEL!

신현숙 (2011). 학업수월성 지향 학교에서 사회정서학습의 필요성과 지속가능성에 관한 고찰. 한국심리학회지: 학교, 8(2), 175-197.

이지은 (2014). 사회정서학습의 도덕교육적 함의 연구. 서울대학교 대학원 석사학위논문.

3차시 SEL이 내게 준 꿈

허일범, 이수진 (2011). 이젠 내 힘으로 공부할 수 있어요(현실요법적 자기조절학습상담 프로그램). 서울: 한국학술정보.

김혜온, 김수정 (2008). 대학생을 위한 자기주도학습기술. 서울: 학지사.

- 관련 영상
  1. KBS 다큐 〈습관〉 1, 2부

4차시 SEL이 내게 준 선물

임자연 (2012). 사회정서학습 집단상담프로그램이 초등학생의 인성지능과 학습효능감에 미치는 영향. 한국교원대학교 대학원 석사학위논문.

〈파트 2〉 나와 너 이해하기

1차시 정서, 넌 누구?

Greenberg, L. S., & Paivio, S. C. (2008). 심리치료에서 정서를 어떻게 다룰 것인가. 이홍표 역. 서울: 학지사. (원저는 1997년 출판).

곽윤정 (2004). 정서지능 교육프로그램 효과 검증 연구. 서울대학교 대학원 박사학위논문.

최은실 (2010). 정서인식 및 표현능력 향상프로그램의 효과연구. 이화여자대학교 대학원 박사학위논문.

(사)행복한 교육실천 모임의 느낌카드 목록

- 관련 영상
  1. EBS 다큐프라임 〈정서지능〉
  2. 국제아동인권센터 인권교육-감정읽기
  3. EBS 포커스-1회 감정의 재발견

2차시 정서의 두 얼굴

Merrell, K. W. (2007). *Strong kids (Grades 6-8): A social & emotional learning curriculum*. Baltimore: Paul H. Brookes Publishing Company.

- 관련 영상
  1. SBS 스페셜 389회-자신의 감정과 마주한 부모들(불편한 감정 관련 자료)
  2. EBS 포커스-1회 감정의 재발견

3차시 정서는 변덕쟁이

이지영 (2009). 정서강도와 정서조절방략의 관계. 한국심리학회지: 임상, 28(4), 1217-1226.
이지영 (2012). 정서조절 코칭북. 서울: 시그마프레스.

- 관련 영상
  1. EBS 다큐프라임 〈퍼펙트 베이비〉 2부. 감정조절능력
  2. 삼성사회정신건강연구소 교육용 플래시 애니메이션 1편. 감정

4차시 생각따라쟁이 정서

권석만 (2007). 우울증. 서울: 학지사.

5차시 생각, 너 때문이야!

고윤정, 김정민 (2011). 도서를 활용한 인지행동치료 프로그램이 저소득층 한부모 가정 청소년의 우울과 사회적 기술에 미치는 효과. 놀이치료연구, 15(3), 35-51.
김태희, 신현균 (2011). 인지행동 프로그램이 빈곤 가정 아동의 우울 취약성 감소에 미치는 효과: 역기능적 태도와 낮은 자존감을 중심으로. 한국심리학회지: 임상, 30(4), 907-927.
신정연, 손정락 (2011). 마음챙김에 기반한 인지치료 프로그램이 문제음주 대학생의 우울, 충동성 및 문제 음주 행동에 미치는 효과. 한국심리학회지: 건강, 16(2), 279-295.
신현균 (2012). 학교 장면의 인지행동 프로그램이 초등학생의 우울취약성 감소와 주관적 안녕감 향상에 미치는 효과. 한국심리학회지: 일반, 31(3), 687-711.
최은주, 김영미 (2001). ADHD 아동의 우울, 불안, 공격성과 연령에 따른 부적응적 인지 특성: 인지 오류와 귀인 편파를 중심으로. 소아·청소년정신의학, 12(2), 275-281.
Leitenberg, J., Yost, L. W., & Carrol-Wilson, M. (1986). Negative cognitive errors in children: Questionnaire development, normative data, and comparisons between children with and without self-reported symptoms of depression, low self-esteem and evaluation anxiety. *Journal of Consulting and Counseling Psychology, 54*, 528-536.

6차시 **생각 바꿔 입기**

고윤정, 김정민 (2011). 도서를 활용한 인지행동치료 프로그램이 저소득층 한부모 가정 청소년의 우울과 사회적 기술에 미치는 효과. 놀이치료연구, 15(3), 35-51.

김태희, 신현균 (2011). 인지행동 프로그램이 빈곤 가정 아동의 우울 취약성 감소에 미치는 효과: 역기능적 태도와 낮은 자존감을 중심으로. 한국심리학회지: 임상, 30(4), 907-927.

신정연, 손정락 (2011). 마음챙김에 기반한 인지치료 프로그램이 문제음주 대학생의 우울, 충동성 및 문제음주 행동에 미치는 효과. 한국심리학회지: 건강, 16(2), 279-295.

신현균 (2012). 학교 장면의 인지행동 프로그램이 초등학생의 우울취약성 감소와 주관적 안녕감 향상에 미치는 효과. 한국심리학회지: 일반, 31(3), 687-711.

7차시 **긍정 생각의 달인**

신정연, 손정락 (2011). 마음챙김에 기반한 인지치료 프로그램이 문제음주 대학생의 우울, 충동성 및 문제음주 행동에 미치는 효과. 한국심리학회지: 건강, 16(2), 279-295.

신현균 (2012). 학교 장면의 인지행동 프로그램이 초등학생의 우울취약성 감소와 주관적 안녕감 향상에 미치는 효과. 한국심리학회지: 일반, 31(3), 687-711.

8차시 **다섯 손가락 욕구**

김현진, 박재황 (2014). 현실요법 적용 자기주도학습능력 증진 프로그램이 초등학교 학습부진아의 자기주도학습 지각도에 미치는 효과. 아동교육, 23(3), 245-267.

우수미 (2007). 선택이론에 기초한 관계증진 프로그램이 초등학생의 대인관계 및 행복감 증진에 미치는 효과. 계명대학교 교육대학원 석사학위논문.

조한익, 권혜연 (2011). 집단상담 프로그램이 학업관련 변인에 미치는 효과에 대한 메타분석. 청소년학연구, 18(7), 163-183.

– 관련 영상
  1. 삼성사회정신건강연구소 교육용 플래시 애니메이션 2편 want

9차시 **찰칵! 행복 셀카**

김인자 (2005). 현실요법과 선택이론. 서울: 한국심리상담연구소.

김인자, 황미구 (1997). 현실요법을 적용한 집단상담프로그램이 내적 통제성 및 성취동기에 미치는 효과. 한국심리학회지: 상담과 심리치료, 9(1), 81-99.

이무상, 유형근, 조용선 (2008). 현실요법을 적용한 중학생의 리더십생활기술 증진 학급단위 집단상담 프로그램 개발. 상담학연구, 9(2), 771-788.

〈파트 3〉 나를 다스리기

1차시 **불편한 친구, 스트레스**

강진령 (2013). 상담심리용어사전. 서울: 양서원.

Merrell, K. W. (2007). *Strong kids (Grades 6-8): A social & emotional learning curriculum*. Baltimore: Paul H. Brookes Publishing Company.

한국건강증진개발원 www.khealth.or.kr
– 관련 영상
  1. 스트레스의 의미
    EBS 뉴스－〈뉴스G〉 '스트레스 받는다' 언제부터 쓰던 말?
    http://home.ebs.co.kr/ebsnews/menu1/newsAllView/10294744/H?eduNewsYn=N

`2차시` **건강한 스트레스 레시피**

권경인, 조수연 (2013). 청소년 스트레스 감소 및 대처 집단상담 프로그램의 효과에 관한 메타분석. 한국 심리학회지: 상담 및 심리치료, 25(1), 41–62.

이평숙 (1998). 건강증진을 위한 스트레스 관리 전략. 정신간호학회지, 7(1), 81–94.

전경련, 고정자 (1996). 청소년의 스트레스 인지수준과 적응방법에 관한 연구. 한국가정관리학회지, 32, 219–232.

최정원, 이영호 (2008). 효과적인 시간·공간 관리 전략 및 학업 스트레스 관리 전략. 서울: 학지사.

Merrell, K. W. (2007). *Strong kids (Grades 6–8): A social & emotional learning curriculum*. Baltimore: Paul H. Brookes Publishing Company.

`3차시` **나는야 스트레스 요리사**

전경련, 고정자 (1996). 청소년의 스트레스 인지수준과 적응방법에 관한 연구. 한국가정관리학회지, 32, 219–232.

Merrell, K. W. (2007). *Strong kids (Grades 6–8): A social & emotional learning curriculum*. Baltimore: Paul H. Brookes Publishing Company.

`4차시` **내 마음에 불이 났어요!**

Keith, O., & Elaine, D. (1994). The Experience of emotion in everyday life. *Cognition & Emotion, 8(4)*, 369–381.

Spielberger, C. D., Jacobs, G. A., Russell, S., & Crane, R. S. (1983). Assessment of anger: The state-trait anger scale. *Advances in Personality Assessment, 2*, 159–187.

– 관련 영상
  1. EBS 다큐프라임 〈당신이 화내는 진짜 이유〉 1부. 원초적 본능 화의 비밀

`5차시` **내 마음의 소화기**

문은주 (2010). 고등학생용 분노조절 프로그램 개발. 경북대학교 대학원 박사학위논문.

Spielberger, C. D., Jacobs, G. A., Russell, S., & Crane, R. S. (1983). Assessment of anger: The state-trait anger scale. *Advances in Personality Assessment, 2*, 159–187.

Davis. M., Eshelman. E. R., & Mckay, M. (2006). 긴장 이완과 스트레스 감소 워크북. 손정락 역. 서울: 하나의학사. (원서는 2000년 출판).

– 관련 영상
  1. KBS 비타민 〈분노. 그것이 궁금하다〉

2. EBS 헬스 투데이 〈내 몸을 살리는 요가〉
  3. EBS 집중기획 〈삶을 바꾸려면 화를 다스려라〉
  4. EBS 다큐프라임 〈당신이 화내는 진짜 이유〉 3부. 나를 바꾼다. 분노디자인

6차시   내 마음의 소방관

Alschuler, C. F., & Alschuler, A. S. (1984). Developing healthy response to anger: The counselor's role. *Journal of Counseling and Development, 63*, 26-29.

Merrell, K. W. (2007). *Strong kids (Grades 6-8): A social & emotional learning curriculum*. Baltimore: Paul H. Brookes Publishing Company.

– 관련 영상
  1. EBS 다큐프라임 〈당신이 화내는 진짜 이유〉 3부. 나를 바꾼다. 분노디자인

〈파트 4〉 좋은 관계 맺기

1차시   네 맘 알아

권정안 (2000). 중학생을 대상으로 한 공감훈련 프로그램의 개발. 계명대학교 교육대학원 석사학위논문.

– 관련 영상
  1. Tooniverse의 〈아따맘마〉 엄마, 맞장구치기
  2. EBS 포커스-7회 공감
  3. EBS 다큐프라임 〈퍼펙트 베이비〉 3부. 공감, 인간관계의 뿌리

2차시   이젠 내가 말할게!

Gordon, T. (2002). 부모역할훈련. 이훈구 역. 서울: 양철북. (원서는 2000년 출판).

3차시   우유부단 장벽 넘기

변창진, 김성회 (1980). 주장훈련프로그램. 경북대학교 학생생활연구소.

Rakos, R. F., & Schroeder, H. E. (1980). *Self-administered assertiveness training*. New York: BMA Audio Cassettes.

4차시   어디가 꼬인 걸까?

서진 (2009). 초등학교 저학년의 역할놀이를 통한 갈등해결 중심 학교폭력 예방 프로그램 개발. 한국교원대학교 대학원 석사학위논문.

송주연 (2009). 갈등해결프로그램이 아동의 갈등해결전략과 친구관계의 질에 미치는 영향 연구. 전주교육대학교 대학원 석사학위논문.

이수진 (2008). 사회적 기술훈련을 적용한 ADHD 아동의 또래관계 개선을 위한 사례 연구. 진주교육대학교 대학원 석사학위논문.

Moore, C. W. (1986). *The mediation process: Practical strategies for resolving conflict*. San Francisco: Jossey-Bass.

– 관련 영상

1. 넌 내게 모욕감을 줬어(생활의 다툼) 동영상 http://tvpot.daum.net/clip/ClipView.do?clipid=42582998
2. 180도의 진실(지식채널e) 동영상 http://tvpot.daum.net/v/lI026G580JY$
3. 배고픈 친구(생활의 다툼) 동영상 http://tvpot.daum.net/clip/ClipView.do?clipid=42495547

5차시 너와 나의 꼬인 마음 풀기

서진 (2009). 초등학교 저학년의 역할놀이를 통한 갈등해결 중심 학교폭력 예방 프로그램 개발. 한국교원대학교 대학원 석사학위논문.

송주연 (2009). 갈등해결프로그램이 아동의 갈등해결전략과 친구관계의 질에 미치는 영향 연구. 전주교육대학교 대학원 석사학위논문.

이수진 (2008). 사회적 기술훈련을 적용한 ADHD 아동의 또래관계 개선을 위한 사례 연구. 진주교육대학교 대학원 석사학위논문.

– 관련 영상

1. 부정적인 갈등해결 방법 관련 동영상: 파괴적 갈등해결 유형 6가지 동영상
https://www.youtube.com/watch?v=lRg0vcp-qz8

저자 소개

신현숙 (Shin Hyeonsook)
전남대학교 교육학과 교수
University of Minnesota Ph.D. (학교심리학 전공)

류정희 (Lyu Jeonghee)
광주대학교 청소년상담평생교육학과 교수
전남대학교 교육학과 교육학박사 (학교심리학 전공)

박주희 (Park Juhee)
광주광역시교육청 장학사
전남대학교 교육학과 교육학박사 (학교심리학 전공)

이은정 (Lee Eunjeong)
광주 장산초등학교 교사
전남대학교 교육학과 교육학박사 (학교심리학 전공)

김선미 (Kim Sunmi)
동강대학교 유아교육과 교수
전남대학교 교육학과 교육학박사 수료 (학교심리학 전공)

배민영 (Bae Minyoung)
전남 곡성중학교 교사
전남대학교 교육학과 교육학박사 (학교심리학 전공)

윤숙영 (Yun Sukyeong)
광주 용두중학교 교사
전남대학교 교육학과 교육학석사 (학교심리학 전공)

강금주 (Kang Keumjoo)
광주 운리초등학교 교사, 전남대학교 교육학과 강사
전남대학교 교육학과 박사과정 (학교심리학 전공)

중학생을 위한

사회정서학습 프로그램 (학생용 워크북)

A Social and Emotional Learning Program for Middle School Students

2015년 11월 10일 1판 1쇄 발행
2023년 9월 20일 1판 3쇄 발행

지은이 • 신현숙 · 류정희 · 박주희 · 이은정 · 김선미 · 배민영 · 윤숙영 · 강금주

펴낸이 • 김 진 환

펴낸곳 • (주) **학지사**

04031 서울특별시 마포구 양화로 15길 20 마인드월드빌딩 5층

대표전화 • 02) 330-5114   팩스 • 02) 324-2345

등록번호 • 제313-2006-000265호

홈페이지 • http://www.hakjisa.co.kr
인스타그램 • https://www.instagram.com/hakjisabook

ISBN 978-89-997-0835-0   94370
       978-89-997-0833-6   (set)

정가 **8,000**원

| 출판미디어기업 **학지사** |

간호보건의학출판 **학지사메디컬** www.hakjisamd.co.kr
심리검사연구소 **인싸이트** www.inpsyt.co.kr
학술논문서비스 **뉴논문** www.newnonmun.com
원격교육연수원 **카운피아** www.counpia.com